C000140369

IDEAS
CUMBRES

IDEAS CUMBRES

TU PUEDES. ¡CREES EN TI!

JUAN DE DIOS CABRAL

Copyright © 2019 por Juan de Dios Cabral.

Número de Control de la Biblioteca del Congreso de EE. UU.:   2019905193
ISBN: Tapa Dura   978-1-5065-2883-0
                   Tapa Blanda   978-1-5065-2882-3
                   Libro Electrónico   978-1-5065-2881-6

Todos los derechos reservados. Ninguna parte de este libro puede ser reproducida o transmitida de cualquier forma o por cualquier medio, electrónico o mecánico, incluyendo fotocopia, grabación, o por cualquier sistema de almacenamiento y recuperación, sin permiso escrito del propietario del copyright.

Las opiniones expresadas en este trabajo son exclusivas del autor y no reflejan necesariamente las opiniones del editor. La editorial se exime de cualquier responsabilidad derivada de las mismas.

Información de la imprenta disponible en la última página.

Fecha de revisión: 30/04/2019

Para realizar pedidos de este libro, contacte con:
Palibrio
1663 Liberty Drive, Suite 200
Bloomington, IN 47403
Gratis desde EE. UU. al 877.407.5847
Gratis desde México al 01.800.288.2243
Gratis desde España al 900.866.949
Desde otro país al +1.812.671.9757
Fax: 01.812.355.1576
ventas@palibrio.com
796174

ÍNDICE

DICATORIA

La presente obra la he dedicado a todos aquellos que aferrados a sus ideas fueron capaces de vislumbrar acontecimientos que transformarían a la humanidad en todas sus dimensiones. A esas Personas que con visión firme, definida e ilimitada pusieron en marcha su ideal por encima de todo pronóstico venciendo obstáculos, e incluso, desafiando todo peligro que pudiera poner en riesgo su libertad, y más aún, sus propias vidas en pos de un mundo nuevo.

Gloria para ellos que con sus firmes ideas dieron forma a la sociedad haciendo que la humanidad alcanzara niveles de desarrollo extraordinarios para bien de las generaciones subsiguientes.

Gloria y honor a ellos que fueron capaces de darlo todo en pos del progreso del mundo sin esperar recompensa alguna. Gracias plena héroes y heroínas por haber otorgado al mundo el eterno legado del conocimiento y la sabiduría.

Vivan eternamente, héroes precursores del conocimiento en la fas de la tierra, porque fueron ustedes con la verdad de sus ideas quienes impulsaron el desarrollo del mundo de generación en generación.

INTRODUCCION

La presente obra es un compendio de ideas, frases y premoniciones orientadas a poner en movimiento la conciencia creativa del lector en base a la reflexión de los acontecimientos más extraordinarios que han marcado a la humanidad en los últimos 6.000 años, más aquellos que pudieran ocurrir en el futuro próximo.

El ser humano desde que pisó el planeta tierra se vio en la necesidad de crear e implementar ideas que satisfacieran sus principales necesidades, ideas que han tenido repercusiones determinantes en el desarrollo de la humanidad desde el principio hasta nuestros días. Si hacemos un recorrido minucioso por el tiempo nos encontramos con cuatro grandes ideas que sin duda han sido la cimiente del desarrollo alcanzado por la humanidad y que provienen del hombre más disfamado de la historia. Ese hombre es (Caín y su descendencia). Caín implementó: <u>la construcción, la música, la agricultura y ganadería y la extracción de hierro y cobre</u> que aún siguen vigentes en el quehacer cotidiano de la humanidad. Gen. 4,17_22

En el presente libro exponemos unas series de premoniciones que a nuestro entender se cumplirán de manera inminente en el futuro cercano. Además, incluimos una colección de frases inéditas orientadas a alentar la motivación creativa e intuitiva del lector.

DECALOGO PRUDENCIAL

1.- Trabajaré con entusiasmo, honestidad y prudencia sobre metas concretas y objetivos definidos...

2.- Seré paciente pero persistente, perseverante y audaz en cada propósito...

3.- Mantendré mi espíritu, mi mente y mi corazón atentos a las voces del tiempo sin dejarme perturbar por las adversidades que este trae siempre consigo...

4.- Nunca subestimaré a nadie. Respetaré los sueños y las ambiciones de toda persona por insignificantes que parezcan...

5.- Confiaré en mi capacidad y en mi fuerza de voluntad al enfrentar cualquier eventualidad...

6.- Respetaré la ley en todo lugar y circunstancia...

7.- Cumpliré con mi deber sin apelar a justificación alguna...

8.- Defenderé mis derechos con dignidad sin lesionar el de los demás...

9.- Amaré sin reserva a mi familia, símbolo de la comunidad universal, a mis amigos, expresión de solidaridad y al trabajo, fuente esencial para la vida, la paz y el progreso...

10.- Preservaré la fe en el supremo creador, viviré de acuerdo a su ley, pondré en sus manos mis temores y mis esperanzas...

...y la luz resplandecerá en todas mis acciones.

ESCRIBA AQUÍ SU DECALOGO INEDITO.

1ro _____
_____

2do _____
_____

3ro _____
_____

4to _____
_____

5to _____
_____

6to _____
_____

7to _____
_____

8vo _____
_____

9no _____
_____

10mo _____
_____

PRIMERA PARTE

IDEAS DEL PASADO QUE MARCARON EL MUNDO

Desde el mismo instante en que el ser humano comienza a sentir necesidad de crecer, desde ese momento comienza a poner en movimiento su capacidad de creatividad con el fin de satisfacer necesidades básicas tanto individuales como colectivas.

Desde el principio, el ser humano se dio cuenta que es un ser inteligente capaz de crear lo nuevo y con ello hacer que se transforme su entorno. Es por eso, que en cuanto se descubre como tal se lanza a todo tipo de aventura confiando en su fortaleza y su capacidad de inteligencia y es entonces que comienza a crear cosas de utilidad colectiva por que descubre que sus intentos tienen resultados de impacto social. Es esa capacidad infinita que solo posee el ser humano, lo que ha hecho que el mundo se desarrolle en las diversas áreas del conocimiento.

A pesar de los obstáculos implementados por sectores adversos al conocimiento, el ser humano ha sido capaz de desafiarse a sí mismo y abrirse caminos en medio del oscurantismo manipulador de la ignorancia colectiva.

El desarrollo del conocimiento ha sido una constante en la trayectoria histórica de la especie humana, a pesar de la feroz y voraz persecución contra este, pero aun así no ha sido posible frenar su asenso ya que el conocimiento es el elemento más esencial y característico del ser humano.

Todo el desarrollo obtenido por la humanidad durante su permanencia y recorrido por el planeta tierra se ha debido a aquellas ideas lucidas surgidas en las mentes de personas que han sido capaces de darle forma y ponerlas en movimiento.

Cuando nos remontamos a hasta los tiempos más remotos o ancestrales, nos damos cuenta que el ser humano ha sido capaz de crear ideas extraordinarias de utilidad colectiva y que aún con el paso de miles de años continúan vigentes en nuestros días. Ideas que nacieron, se desarrollaron, revolucionaron y transformaron a la humanidad en todas sus estructuras. Veamos algunos ejemplos:

1ro. EL FUEGO Y LA LANZA: fueron estas, dos grandes ideas que cambiaron totalmente la forma de vida de la sociedad Tribales ya que en el principio los pocos habitantes del planeta se tenían que refugiar en plenas selvas y en la oscuridad de las cavernas a expensa de los peligros de las fieras salvajes y la cruda inclemencia de la naturaleza, es entonces que se ven en la necesidad de crear mecanismos de defensa y de protección. Dada tales circunstancias se origina el fuego cuya utilidad ha sido tan eficaz que aun con todos los avances adquiridos después de miles de años continúa siendo una necesidad colectiva. No se tiene ningún tipo de información cierta de cuando surgió el fuego. Más la lanza se cree que tiene aproximadamente unos 5000 años, pero es posible de que su invención sea del neolítico, es decir, que esta data de unos 6000 años. https://es.m.wikipedia.org...

2do. LA RUEDA: Pensemos un instante en la invención de la rueda y lo que está a significado en el desarrollo y crecimiento de la humanidad desde su implementación hasta nuestros días a lo largo y ancho del planeta; la rueda mejoró y modificó la calidad y rendimiento del trabajo agrícolas, medio de transporte y sistema de construcción de todos los tiempos desde el carruaje tirado por caballos hasta el automóvil más moderno utilizado en nuestros días. https://es.m.wikipedia.org>wiki>ru...

3ro. LOS METALES: Otra idea cumbre del pasado remoto que ha revolucionado a la humanidad en las distintas áreas son los metales y que según el relato bíblico es atribuida a Caín y a su descendencia. Estos fueron los primeros en extraer; cobre y hierro cuya utilidad ha sido y sigue siendo básica en las actividades cotidianas más complejas de la humanidad. Gen. 4,17-22.

4to. **LAS ARTES MUSICALES:** Tenemos que destacar también los grandes aportes que ha proporcionado al género humano la idea de las primeras creaciones musicales como fueron; la cítara y la flauta que según las informaciones Bíblicas se le atribuyen a Caín y su descendencia.

Son estos los dos primeros instrumentos musicales que aparecen documentados en la historia Bíblica y que datan de aproximadamente unos 6000 años que es justamente el tiempo en que Caín estuvo en la tierra. La música ha tenido un impacto determinante en el comportamiento de la conducta emocional de la humanidad, de manera tal que se ha decretado; que la música es el alma de los pueblos ya que un pueblo sin música es un pueblo sin alma. Indiscutiblemente, Caín es el pionero del conocimiento de la nueva humanidad que hoy conocemos en el planeta tierra. Gen. 4,17-22.

5to. **LA AGRICULTURA:** Es otra idea cumbre y quizás de las más importantes de todos los tiempos ya que por su naturaleza adquiere una trascendencia capital para la supervivencia de la humanidad cuyos méritos son también atribuidos a Caín y a su descendencia, así como **el sistema de construcción** que según el texto Bíblico es la primera iniciativa de desarrollo implementada por Caín en el planeta tierra.Gen.4,17-22. Sin lugar a duda, el periodo del Neolítico coincide exactamente con el tiempo de Caín ya que tanto la **construcción, la agricultura, la ganadería, la extracción de cobre y hierro** entre otros son los mismos elementos que se desarrollaron en el neolítico. A este periodo de tiempo se le calculan aproximadamente 6000 años, que es justamente el tiempo de la presencia de Caín en la tierra. "LA SENTENCIA PROCLAMA" Pag, 202-205. NI "CREACION NI EVOLUCION" Pag. 53.

6to. **EL TEJIDO:** Con el paso del tiempo las cosas que en un principio pudieron resultar sumamente complejas se han convertido en algo aparentemente simples dado el uso común de la colectividad, pero que por su utilidad se han quedado como una necesidad prioritaria en la generalidad de la humanidad como es el tejido. Recordemos que antiguamente el vestuario común era fabricado con piel de animales y luego de metal hasta que se inventó el tejido. Con esta idea del tejido la humanidad adquirió nuevos valores tanto en la conducta ética como en el comportamiento moral. Antes de que surgiera el tejido como sistema fue necesaria la creación de dos grandes ideas; **el hilo y la aguja** ya que sin estos el tejido no hubiese sido posible. El tejido se remonta a la era del Neolítico, o sea, 6000 años aproximadamente. https://es.m.wikipedia.org>wiki>na...

Cuando hacemos un recorrido por la historia nos encontramos con una infinidad de ideas que nos indican que sin ellas no hubiese sido posible que la humanidad alcanzara el nivel de desarrollo que ha alcanzado.

En este tratado solo estoy señalando algunas ideas que a mi entender han tenido gran impacto y repercusión en la conducta colectiva a lo largo del tiempo y de la historia.

Existen otras ideas las cuales las considero cumbres ya que han contribuido de manera determinante para la transformación de la humanidad, como son:

7mo. LA ESCRITURA Y LA MATEMATICA: Tanto la escritura como la matemática han sido fundamentales para el desarrollo del ser humano ya que por su naturaleza son una manifestación gráfica del conocimiento. A través de la escritura podemos plasmar las ideas y luego proyectarlas a nivel colectivo convertidas en fenómenos tanto material como emocional. De igual manera, la matemática nos permite definir y determinar con exactitud los resultados de cualquier operación desde la más simple hasta la más compleja ecuación.

Quien fuere que inventara la escritura, sin duda creó la idea más extraordinaria de comunicación de la historia y al mismo tiempo la forma más eficaz de conservación y perpetuidad de las acciones memorables del género humano.

8vo. LA NAVEGACION MARITIMA: con la implementación de la navegación marítima la humanidad logró expandir su radio de acción hacia otros horizontes y de ese modo penetrar y conquistar nuevos territorios desafiando los más impetuosos mares y océanos. La creación del barco permitió el intercambio intercultural al tiempo que ensanchó el comercio masivo intercontinental con lo cual la humanidad logró alcanzar un mayor nivel de desarrollo y un mayor nivel de conocimiento sobre la amplitud y dimensión del mundo. La navegación marítima tiene sus orígenes en el neolítico, es decir, 6000 años de antigüedad. https://es.m.wikipedia.org>wiki>na...

A pesar de ser esta una idea del pasado la cual al principio no era más que una simple canoa o bote de remo, se ha desarrollado de tal magnitud que se ha convertido en el medio más eficaz de transportación comercial y turístico del mundo.

9no. LA IMPRENTA: La invención de la Imprenta ha sido una de las ideas más innovadoras de la humanidad ya que esta permitió que el conocimiento pudiera ser recopilado y plasmado en un manual o libro y multiplicado con mayor facilidad. Esto posibilitó que la mayor cantidad de personas estuvieran acceso a la información y a la instrucción educativa para de ese modo ensanchar aún más el nivel de conocimiento. Antes de que existiera la imprenta, los libros eran manuscritos por un escribiente por lo que muy pocas, pero muy pocas personas podían darse el lujo de tener una copia de un determinado libro. La imprenta fue una puerta eficaz al conocimiento colectivo y gracias a esta iniciativa, en un tiempo relativamente corto el mundo se permeo de bibliotecas por todas partes. La imprenta fue una invención del Alemán, Johannes Gutenberg 1440. https://es.m.wikipedia.org>wiki>joh...

10mo. EL TELESCOPIO: La idea del telescopio cambió de manera radical la concepción que se tenía del cosmos, hasta entonces se creía que todo giraba alrededor de la tierra, pero con esta idea del telescopio se logra que la mentalidad de esa época dé un giro total y es a partir de aquí que se impone la teoría de que el planeta ya no es el centro del Universo y se establece la teoría del Heliocentrismo la cual sostiene, que todo gira al alrededor del Sol. Este fue un paso gigantesco para la humanidad ya que con esto el ser humano se abre a un Universo más amplio donde se acepta la idea de que nuestro planeta se mantiene en constante movimiento alrededor del Sol.

La creación del telescopio así como la teoría del heliocentrismo trajeron como consecuencia la muerte en la hoguera de algunos científicos como es el caso de Jordano Bruno y el encarcelamiento de por vida de otros como es el caso de Galileo Galilei así como el ocultamiento de otros como en el caso de Nicolás Copérnico, monje y astrónomo. Copérnico fue quien formuló la controversial teoría Heliocéntrica, teoría que había sido concebida anteriormente por Aristarco de Samos. Es posible que Nicolás Copérnico fuera ocultado con el fin de protegerlo de cualquier persecución o acusación proveniente de la Santa Inquisición, o por cualquier otra razón puesto que este estaba emparentado con un jerarca Eclesiástico; el Obispo de Warmia quien era su tío y tutor.

El telescopio tiene sus orígenes con Galileo Galilei hacia los años de 1610 que fue cuando por primera vez se usó para mirar al espacio con lo cual se pudo observar la Luna, algunos planetas y las Estrellas

Con el telescopio de Galileo Galilei se da entrada a la astronomía moderna y se imprime una concepción diferente al modo de ver el mundo y su movimiento. https://es.m.wikipedia.org>wiki>tel...

(Dejo aquí un espacio para que redacte algunas ideas del pasado que a su entender hayan incidido en el desarrollo de la humanidad).

_____

_____

_____

_____

_____

_____

_____

_____

_____

_____

_____

_____

_____

_____

_____

_____

_____

_____

_____

_____

_____

_____

_____

_____

_____

IDEAS QUE TRANSFORMARON LA HUMANIDAD EN LOS ULTIMOS 150 AÑOS

1ro. EL AUTOMOVIL:

No es un secreto para nadie las incidencias que ha tenido para el desarrollo de la humanidad la implementación del Automóvil, el cual y sin duda alguna ha facilitado al ser humano un extraordinario desarrollo, un mayor rendimiento laboral y una transportación masiva entre otras. El automóvil nos ha permitido además, una excepcional calidad de vida.

El primer automóvil a gasolina fue creado por el alemán, <u>Karl Benz en 1886</u> hace apenas 133 años. La idea del automóvil ha contribuido a la creación de una masiva infraestructura a lo largo y ancho de todo el planeta como son: carreteras autopistas, gigantescos puentes así como inmensos diseños de todas y cada una de las grandes y pequeñas ciudades del mundo. Podríamos concluir diciendo, que el automóvil ha sido una de las más grandes ideas de todos los tiempos la cual ha contribuido al rápido desarrollo de la humanidad. <u>https:// es.m.wikipedia.org>wiki>His</u>...

2do. LA ENERGIA ELECTRICA:

A mediado del siglo XVIII el físico Italiano, Alessandro Volta logro construir la pila voltatica que produce corriente eléctrica de manera constante en el 1800. Aunque el descubrimiento como tal se le atribuye a Benjamín Franklin que fue quien descubrió la fuerza negativa y la fuerza positiva de la electricidad. <u>https://es.m.wikipedia. org>wiki>his</u>...

Sin lugar a equivocación, la energía electica ha sido una de las fuentes de desarrollo y de mayor impacto de la humanidad de todos los tiempos ya que esta posibilitó; la industrialización de la mayoría de los productos que consumimos hoy día, la iluminación urbana y un alto porcentaje de la zona rural, la implementación de la tecnología en las diferentes áreas; Radio, Televisión, telefonía e Internet entre otros. Actualmente estamos usando los servicios de la energía eléctrica en más de un 99% de nuestras actividades diaria; el automóvil, el tren, el barco, el avión, el teléfono y no se diga en el hogar.

3ro. EL TELEFONO:

El teléfono ha sido el invento de mayor alcance en la inter comunicación a distancia, con este invento se resuelven cientos de millos de asuntos diariamente sin tener que hacer el menor esfuerzo. Cuando se inventó el teléfono quizás nadie se imaginó el alcance y utilidad que este iba a tener en el desarrollo de la humanidad del futuro.

Hace apenas 158 años que el ser humano jamás pensaba que en el futuro tendría un medio de comunicación tan vital como es el teléfono. Es uno de los acontecimientos más extraordinarios y asombrosos conocido por la humanidad. El teléfono a facilitado la comunicación de cientos de millones de personas de manera instantánea a cualquier parte del mundo y más allá. En 1860 Antonio Meucci de Florencia Italia, patentó el teléfono unos 15 años antes de que fuera patentado por Alexander Graham Bell al cual se le atribuye injustamente la autoría de dicho descubrimiento. https:// es.m.wikipedia.org>wiki>Tel...

4to. LA RADIO Y LA TELEVISION:

La Radio es uno de los inventos de los últimos tiempos de mayor incidencia en la vida cotidiana ya que esta nos permite mantenernos informado casi de manera instantánea de los mayores acontecimientos acaecidos en cualquier parte del mundo.

La invención de la radio se le atribuye a Guillermo Marconi en los años de 1890, fue en esta fecha que Marconi desarrolló un aparato capaz de enviar comunicación de radio a larga distancia a través de ondas. Hace apenas 129 años que se inventa este poderoso medio de comunicación masivo y aunque en ocasiones ha sido utilizado al igual que la televisión para algún tipo de manipulación de la conciencia colectiva, no es menos cierto que tanto la radio como la televisión han contribuido enormemente al desarrollo de la humanidad a nivel general, de manera muy especial, al desarrollo de la inteligencia.

La televisión por su parte se le atribuye su invención al Británico, ingeniero y físico, John Logie Baird, 1888. https://es.m.wikipedia. org>wiki>inv...

Tanto la radio como la televisión fueron ideas que transformaron a la humanidad en un transcurso de tiempo relativamente corto. Tanto una como la otra han hecho aportes inconmensurables a la humanidad, especialmente en el despertar de la inteligencia.

5to. EL AVION O AEROPLANO:

La invención del avión o aeroplano se le atribuye a los hermanos Wilbur y Oliver Wright en 1903 quienes fueron capaces de poner en marcha el primer vuelo el 17 de diciembre de ese mismo año en Kitty Hawk, Carolina del Norte, Estados Unidos. Al primer vuelo se le llamo: **FLYER. https://es.m.wikipedia.org>wiki>He...**

El avión ha sido una de las más grandes hazañas que ha experimentado la humanidad en toda su historia, hazaña que dio como resultado una serie de inventos posteriores los cuales condujeron al ser humano a penetrar el espacio a través de cohetes y naves espaciales.

El avión ha contribuido de manera determinante en el desarrollo de la humanidad en todos los órdenes, especialmente en el comercio y el turismo mundial. Como vehículo de transportación masiva ha significado una disminución tanto del tiempo como de la distancia en término de rendimiento en las distintas actividades de todo aquel que tiene acceso a este servicio. Aunque este es de uso restringido no deja de ser uno de los acontecimientos de mayor trascendencia para la humanidad.

6to. LA INTERNET:

Sus orígenes se remontan a 1969 cuando se estableció la primera conexión de computadoras, conocida como ARPANET, entre tres universidades de California (Estados Unidos). El internet es un conjunto descentralizado de redes de comunicación intercomunicadas lo que hace que se forme una red lógica única de enlace mundial. El internet ha permitido el fácil acceso al envío: de correo electrónico, transmisión de archivos, transmisión en línea, mensajería instantánea, telefonía, televisión, boletines electrónicos, juegos, música digital, videos, periódicos, libros y ventas en línea entre otros. Con el uso del internet se beneficia actualmente la tercera parte de la población mundial al tiempo que se han eficientizado las industrias de comunicación del mundo.

El origen de internet se atribuye a ARPANET (Advanced Research Projects Agency Network) red de computadoras del ministerio de defensa de EEUU que propició el surgimiento de Internet en un proyecto militar estadounidense. Nació en el año 1983. https:// es.m.wikipedia.org>wiki>His...

Dejo un espacio para que haga sus anotaciones sobre ideas convertidas en acontecimientos que crea que hayan incidido en el desarrollo de la humanidad en los últimos años.

_____

_____

_____

_____

_____

_____

_____

_____

_____

_____

_____

_____

_____

_____

_____

_____

_____

_____

_____

_____

_____

_____

_____

_____

_____

_____

_____

_____

_____

_____

PREMONICIONES DEL FUTURO PROXIMO

1-CREACION DEL ESTADO ECOLOGICO, BIODIVERSIDAD Y MEDIOAMBIENTE:-

Cuya misión será: sanear, estabilizar y proteger la Ecología, el Medioambiente y la biodiversidad planetaria. "LA SENTENCIA PROCLAMA" pag. 1-48.

2-RESTAURACION DEL TIEMPO Y DE LA HISTORIA:-

Tanto el tiempo como la historia fueron intencionalmente distorsionados con el fin expreso de ocultarle el verdadero origen a la humanidad por lo que urge una justa restauración de la historia. "LA SENTENCIA PROCLAMA" pag.173-196.

3-COLAPSO INMINENTE DEL SISTEMA DE IGLESIA:

El colapso de las grandes Iglesias será inminente y no habrá manera de evitarlo. No pasarán las próximas tres generaciones incluyendo la nuestra sin que suceda este acontecimiento. En el futuro próximo el sistema de Iglesias será reducido a su mínima expresión. "LA SENTENCIA PROCLAMA" pag.71-83.

4-SE IMPLENTARA UN NUEVO CALENDARIO CIVIL UNIVERSAL:-

Se establecerá un nuevo calendario en sustitución del calendario Gregoriano en el que se destacarán los grandes acontecimientos de la historia y se importantizarán los grandes personajes que realmente han hecho importantes aportes al desarrollo de la humanidad. "LA SENTENCIA PROCLMA" pag. 119-134

5-SE APROBARA EL CICLO DEL CONCIMIENTO CINTIFICO Y TECNOLOGICO:-

Se proclamará la nueva ERA o Ciclo del conocimiento científico y tecnológico en sustitución de la llamada ERA cristiana la cual termino en el 1901, hacen 118 años. "LA SENTENCIA PROCLAMA" pag. 297-209.

6-ACEPTACION DEL VERDADERO ORIGEN DE LA ESPECIE HUMANA:-

A la humanidad no le queda otra alternativa que no sea aceptar el verdadero origen de la especie humana reconociendo que no venimos ni del llamado Jardín del Edén ni por evolución, sino que simplemente procedemos de otras civilizaciones del universo. "LA SENTENCIA PROCLAMA" pag. 64-71.

7- VIAJES INTERPLANETERIOS:-

En el transcurso de los próximos 100 años estaremos realizando viajes interplanetarios en coordinación con otras civilizaciones del universo. "LA SENTENCIA PROCLAMA" pag. 106-108.

8- VELOCIDAD DE MAS DE 100.000 M/H:-

Será un hecho 100% real que en el transcurso de estos próximos 100 años estaremos viajando a nivel espacial a una velocidad mínima de 100.000 mil millas p/h y a nivel comercial a 5.000 millas p/h mientras que a nivel local aeromóvil a un mínimo de 300 millas p/h. "LA SENTENCIA PROCLAMA" pag.98-102.

9- USO MASIVO DE ENERGIA ELECTROMANETICA:

En los próximos años tendremos a disposición las energías electromagnéticas condensadas en sustitución de los combustibles tradicionales. "LA SENTENCIA PROCLAMA" 98-102

10- TRANSPORTACION AEROMOVIL:-

La transportación aeromóvil será un acontecimiento inminente e irreversible en el futuro próximo ya que esto constituye una necesidad de primer orden para el desarrollo. "LA SENTENCIA PROCLAMA" pag.64-110

TABLA DE OBJETIVOS DE UN SOÑADOR

1ro.- Sueño que el género humano será libre de toda manipulación tanto del conocimiento como de la ignorancia.

2do.- Sueño que cada ser humano alcanzará el nivel pleno de conocimiento y sabiduría.

3ro.- Sueño con un mundo regido por una historia restaurada, marcada con un tiempo lineal y continúo desde el principio hasta nuestros días.

4to.- Sueño que la verdad será el estandarte supremo de la humanidad por toda la eternidad.

5to.- Sueño con un mundo integrado a la sabiduría Universal donde fluyan todas las inteligencias del Universo.

6to.- Sueño con la igualdad de la especie humana en todas sus dimensiones y la erradicación de toda discriminación en sus diversas manifestaciones.

7mo.- Sueño con el respeto irrestricto a la vida, al Planeta, al Universo y a las infinitas posibilidades aún desconocidas.

8vo.- Sueño que la humanidad está cerca de admitir y reconocer sus verdaderos orígenes e identidad como especie única, múltiple y Universal descendiente de otras civilizaciones.

9no.- Sueño con la estabilidad y equilibrio armónico del Planeta con el conjunto Universal.

10mo.- Sueño y seguiré soñando porque todo sueño es la esencia más sublime de la creación. Antes de la existencia todo no era más que sueños en la mente infinita del Creador.

TU TABLA DE OBJETIVOS

1ro. _____
_____
_____

2do. _____
_____
_____

3ro. _____
_____
_____

4to. _____
_____
_____

5to. _____
_____
_____

6to. _____
_____
_____

7mo. _____
_____
_____

8vo. _____
_____
_____

9no. _____

_____

_____

10mo. _____

_____

_____

SEGUNDA PARTE

FRASES INEDITAS

1-//PUEDA QUE MI VERDAD NO SEA TODA LA VERDAD, PERO ES LA VERDAD QUE MAS SE APROXIMA A TODA LA VERDAD//.

Comente: _____
_____
_____
_____

Frase: _____
_____
_____
_____

2-//TODA AVE DEBERA VOLAR CON SUS PROPIAS ALAS POR PEQUEÑAS QUE PAREZCAN//.

Comente: _____
_____
_____
_____

Frase: _____
_____
_____
_____

———————❀———————

3- //CREAS UNA IDEA Y OBTENDRAS MIL POSIBILIDADES//

Comente: _____

_____

_____

_____

Frase: _____

_____

_____

_____

4-//EN TIEMPOS DE PAZ SE CREAN CRISIS, CRISIS QUE SE CONSTITUYEN EN GUERRAS, GUERRAS CUYO FIN ES LA PAZ. ¡CUAN IRONICA ES LA VIDA!//.

Comente: _____

_____

_____

_____

Frase: _____

_____

_____

_____

———————❀———————

5-//TODO EL UNIVERSO SE MUEVE A TU ALREDEDOR AUNQUE LO IGNORES//.

Comente: _____
_____
_____
_____

Frase: _____
_____
_____
_____

6-//LOS VALIENTES Y DECIDIDOS CONSTRUYEN EL COMINO, LOS COBARDES E INDECISOS CONSTRUYEN LAS ESCUSAS//.

Comente: _____
_____
_____
_____

Frase: _____
_____
_____
_____

7- //SOLO ALCANZA LA META, EL QUE TIENE OBJETIVOS DEFINIDOS//.

Comente: _____

_____

_____

_____

Frase: _____

_____

_____

_____

8-//QUIEN TEME AL FRACASO NO ES DIGNO DE RECIR EL ÉXITO//.

Comente: _____

_____

_____

_____

Frase: _____

_____

_____

_____

9-//AL FRACASADO RAZONES NO LE FALTAN PARA JUSTIFICARSE CULPANDO SIEMPRE A LOS DEMAS//.

Comente: _____

_____

_____

_____

Frase: _____

_____

_____

_____

10-//UNA LUZ POR PEQUEÑA QUE PAREZCA ILUMINA MAS EN LA OSCURIDAD QUE UNA OGUERA EN PLENO DIA//.

Comente: _____

_____

_____

_____

Frase: _____

_____

_____

_____

11-//CON LAMENTOS NI DIOS SE CONMUEVE, HACE FALTA DECISIÓN Y DETERMINACION//.

Comente: _____

_____

_____

_____

Frase: _____

_____

_____

_____

12-//QUEJARSE NO ALIVIA EL DOLOR, POR EL CONTRARIO, ENTRISTECE EL ALMA//.

Comente: _____

_____

_____

_____

Frase: _____

_____

_____

_____

13-//EL QUE SE RINDE EN EL PRIMER INTENTO SE IGNICIA EN EL CAMINO DEL FRACASO//.

Comente: _____

_____

_____

_____

Frase: _____

_____

_____

_____

14-//SUEÑAS CON LO POSIBLE, CONFIAS, ESFUERZATE Y LO OBTENDRAS//.

Comente: _____

_____

_____

_____

Frase: _____

_____

_____

_____

15-//EN TODA EMPRESA QUE EMPRENDAS ENCONTRARAS OPOSICION COMENZANDO POR TU PROPIA CASA//.

Comente: _____

_____

_____

_____

Frase: _____

_____

_____

_____

16-//TODO CUANTO HAGAS SIN PASION JAMAS SATISFACERAS TUS AMBICIONES//.

Comente: _____

_____

_____

_____

Frase: _____

_____

_____

_____

17-// NUNCA HARAS NADA SI NO LO INTENTAS//.

Comente: _____
_____
_____
_____

Frase: _____
_____
_____
_____

18-//CREAS UNA IDEA Y TU VIDA TENDRA SENTIDO//.

Comente: _____
_____
_____
_____

Frase: _____
_____
_____
_____

19-//REALIZAR TU TRABAJO CON ENTUSISMO TE DA LA SATISFACION DEL DEBER COMPLIDO//.

Comente: _____

_____

_____

_____

Frase: _____

_____

_____

_____

20-//CASI TODOS NOS LLEVAMOS A LA TMBA ALGUN GRAN SECRETO POR INDISCRETOS QUE SEAMOS//.

Comente: _____

_____

_____

_____

Frase: _____

_____

_____

_____

21-//LA PERSEVERANCIA ES EL SECRETO DEL ÉXITO. LA DESESPERACION EL CAMINO DEL FRACASO//.

Comente: _____
_____
_____
_____

Frase: _____
_____
_____
_____

22-//LA HUMILDAD ES EL ESTANDARTE DEL SABIO. LA ARROGANCIA, EL ESCUDO DEL NECIO//.

Comente: _____
_____
_____
_____

Frase: _____
_____
_____
_____

* * *

23-//DESCUBRES TU TALENTO, EL ES TU MAYOR TESORO//.

Comente: _____
_____
_____
_____

Frase: _____
_____
_____
_____

24-//LA VERDAD DUELE PERO ES EL UNICO REMEDIO PARA SANAR LAS HERIDAS DEL ALMA//.

Comente: _____
_____
_____
_____

Frase: _____
_____
_____
_____

* * *

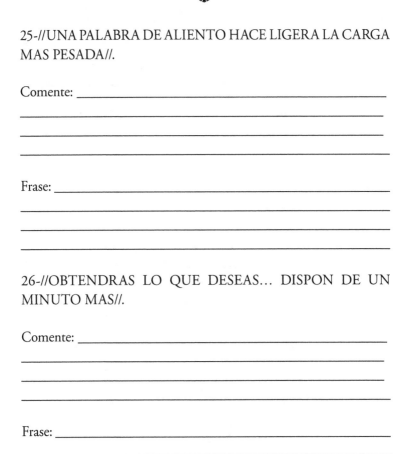

25-//UNA PALABRA DE ALIENTO HACE LIGERA LA CARGA MAS PESADA//.

Comente: _____
_____
_____
_____

Frase: _____
_____
_____
_____

26-//OBTENDRAS LO QUE DESEAS... DISPON DE UN MINUTO MAS//.

Comente: _____
_____
_____
_____

Frase: _____
_____
_____
_____

27-//LA SUERTE TIENE UN PRECIO Y EL FRACASO TAMBIEN//.

Comente: _____
_____
_____
_____

Frase: _____
_____
_____
_____

28-//SOLO ES CAPAZ DE RESISTIR LA TEMPESTAD, EL ARBOL PLANTADO EN TIERRA FIRME//.

Comente: _____
_____
_____
_____

Frase: _____
_____
_____
_____

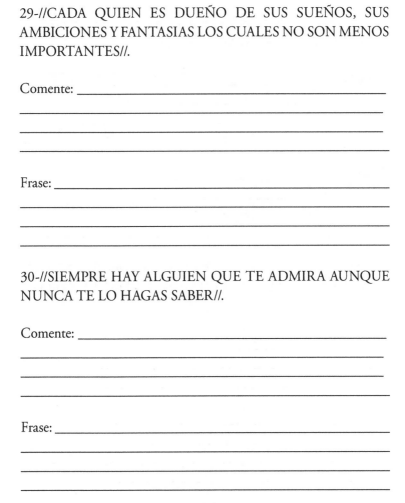

29-//CADA QUIEN ES DUEÑO DE SUS SUEÑOS, SUS AMBICIONES Y FANTASIAS LOS CUALES NO SON MENOS IMPORTANTES//.

Comente: _____
_____
_____
_____

Frase: _____
_____
_____
_____

30-//SIEMPRE HAY ALGUIEN QUE TE ADMIRA AUNQUE NUNCA TE LO HAGAS SABER//.

Comente: _____
_____
_____
_____

Frase: _____
_____
_____
_____

31-//CADA DIA ES UNA OPORTUNIDAD PARA HACER ALGO NUEVO, SI REALMENTE LO DESEAS//.

Comente: _____
_____
_____
_____

Frase: _____
_____
_____
_____

32-//ADMIRO A LOS QUE TIENEN EL VALOR DE LANZARSE AUNQUE FRACASEN, POR LO MENOS LO INTENTARON//.

Comente: _____
_____
_____
_____

Frase: _____
_____
_____
_____

33-//SI VALORAS LO QUE HACES, TU ALMA REBOSARA
DE SATISFACION//.

Comente: _____

_____

_____

_____

Frase: _____

_____

_____

_____

34-// EL MUNDO ES TAN PEQUEÑO QUE PODRIA CABER
EN LAS PALMAS DE TUS MANOS. SE SINCERO CONTIGO
MISMO//.

Comente: _____

_____

_____

_____

Frase: _____

_____

_____

_____

35-//CADA QUEIN ES DEL TAMAÑO DE SUS IDEAS AUNQUE NO LO APRENTE//.

Comente: _____

_____

_____

_____

Frase: _____

_____

_____

_____

36-//LA ARMONIA CONSISTE EN RESPETAR LAS DIFERENCIAS//.

Comente: _____

_____

_____

_____

Frase: _____

_____

_____

_____

37-//UN AMIGO SINCERO VALE MAS QUE UNA FORTUNA AUNQUE EN OCASIONES TE HAGAS SUFRIR//.

Comente: _____
_____
_____
_____

Frase: _____
_____
_____
_____

38-//VALE MAS UN CONSEJO CON SABIDURIA QUE UN CODIGO DE CASTIGO//.

Comente: _____
_____
_____
_____

Frase: _____
_____
_____
_____

39-//NO HAY NADA TAN DIFICIL QUE NO SE PUEDA LOGRAR, NI NADA TAN FACIL QUE NO CUESTE SACRIFICIO//.

Comente: _____
_____
_____
_____

Frase: _____
_____
_____
_____

40-//LA SUERTE SOLO ES TANGIBLE PARA AQUELLOS QUE LA PERSIVEN Y SON CAPACES DE CORRER TRAS ELLA//.

Comente: _____
_____
_____
_____

Frase: _____
_____
_____
_____

41-//UN AMIGO LEAL VALE MAS QUE UN TESORO, QUE MIL CIRCUNSTANCIALES//.

Comente: _____
_____
_____
_____

Frase: _____
_____
_____
_____

42-//EL ÉXITO ALCANZADO A BASE DEL SACRIFICIO AJENO PRODUCE SIEMPRE INSATISFACION//.

Comente: _____
_____
_____
_____

Frase: _____
_____
_____
_____

43-//LA DESESPERACION ES LA PEOR ENFERMEDAD, SU UNICO ANTIDOTO ES LA PACIENCIA//.

Comente: _____
_____
_____
_____

Frase: _____
_____
_____
_____

44-//QUIEN MUCHO ALARDEA DE SU GRANDEZA, CON FRECUENCIA TERMINA MOSTRANDO SU PEQUEÑEZ//.

Comente: _____
_____
_____
_____

Frase: _____
_____
_____
_____

45-//EN ALGUN MOMENTO TODOS SENTIMOS MIEDO POR VALIENTES QUE SEAMOS//.

Comente: _____

_____

_____

_____

Frase: _____

_____

_____

_____

46-//SE NECESITAN MAS DE CIEN AÑOS PARA CONOCER A UNA PERSONA//.

Comente: _____

_____

_____

_____

Frase: _____

_____

_____

_____

47-//ESTAR EN DESACUERDO NO ES ESTAR EN CONTRA//.

Comente: _____

_____

_____

_____

Frase: _____

_____

_____

_____

48-//TUS EXISITOS SERAN SIEMPRE DEL TAMAÑO DE TUS METAS//.

Comente: _____

_____

_____

_____

Frase: _____

_____

_____

_____

49-//LO QUE IMPORTA NO ES CORRER LIGERO, SINO LLEGAR A TIEMPO//.

Comente: _____

_____

_____

_____

Frase: _____

_____

_____

_____

50-//NO EXISTE NADIE TAN FUERTE QUE NO PUEDA SER VENCIDO, NI TAN DEBIL QUE NO PUEDA SER VENCEDOR//.

Comente: _____

_____

_____

_____

Frase: _____

_____

_____

_____

51-//LA VIDA PASA VELOZ, MAS AUN SI NO CONSTRUYES NADA//.

Comente: _____
_____
_____
_____

Frase: _____
_____
_____
_____

52-//LA MENTIRA ES LA MADRE DE TODOS LOS MALES; CORROE EL ALMA, ENTRISTECE EL ESPIRITU Y CORROMPE LA SOCIEDAD//.

Comente: _____
_____
_____
_____

Frase: _____
_____
_____
_____

53-//EL MUNDO TE PERTENECES PERO DEBERAS CONQUISTARLO//.

Comente: _____

_____

_____

_____

Frase: _____

_____

_____

_____

54-//MANTENTE ATENTO: PUEDA QUE ESTA SEA TU UNICA OPORTUNIDAD, LAS DEMAS SON INCIERTAS//.

Comente: _____

_____

_____

_____

Frase: _____

_____

_____

_____

55-//EN LA VIDA HAY DOS ALTERNATIVAS: QUEDARSE SENTADO PARA NO FRACASAR O LANZARSE A TRIUNFAR AUNQUE FRACASE//.

Comente: _____
_____
_____
_____

Frase: _____
_____
_____
_____

56-//EL MUNDO TIENE FRONTERAS. EL ALMA TAMBIEN//.

Comente: _____
_____
_____
_____

Frase: _____
_____
_____
_____

57-//LA FELICIDAD NO ES MAS QUE SENTIRSE SATISFECHO CONSIGO MISMO//.

Comente: _____

_____

_____

_____

Frase: _____

_____

_____

_____

58-//NUNCA RECHACES A QUEINES TE ADULEN, PERO NO TE CONFIES DE ELLOS PORQUE SON CIRCUNSTANCIALES//.

Comente: _____

_____

_____

_____

Frase: _____

_____

_____

_____

59-//TODOS DESEARIAMOS VIVIR CIEN AÑOS AUNQUE EN EL FONDO TEMAMOS A LA ANCIANIDAD//.

Comente: _____

_____

_____

_____

Frase: _____

_____

_____

_____

60-//EN TODA PERSONA REVERDE EXISTE UN CORAZON NOBLE, PASIBLE Y BONDADOSO//.

Comente: _____

_____

_____

_____

Frase: _____

_____

_____

_____

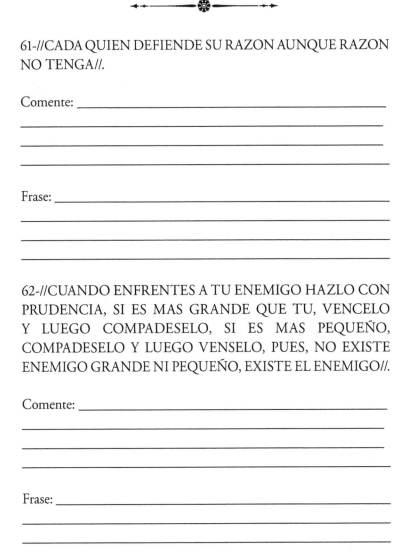

61-//CADA QUIEN DEFIENDE SU RAZON AUNQUE RAZON NO TENGA//.

Comente: _____

_____

_____

_____

Frase: _____

_____

_____

_____

62-//CUANDO ENFRENTES A TU ENEMIGO HAZLO CON PRUDENCIA, SI ES MAS GRANDE QUE TU, VENCELO Y LUEGO COMPADESELO, SI ES MAS PEQUEÑO, COMPADESELO Y LUEGO VENSELO, PUES, NO EXISTE ENEMIGO GRANDE NI PEQUEÑO, EXISTE EL ENEMIGO//.

Comente: _____

_____

_____

_____

Frase: _____

_____

_____

_____

63-//EL HOGAR ES UN JARDIN QUE DEBE FLORECER CADA DIA//.

Comente: _____

_____

_____

_____

Frase: _____

_____

_____

_____

64-//CREAS UNA IDEA Y CAMBIARAS EL MUNDO//.

Comente: _____

_____

_____

_____

Frase: _____

_____

_____

_____

——◆◆——❀——◆◆——

65-//HAZ EL BIEN, ALGUN DIA ALGUIEN TE RECOMPENSARAS//.

Comente: _____
_____
_____
_____

Frase: _____
_____
_____
_____

66-//EL NIÑO NECESITA TERNURA, EL JOVEN DISCIPLINA Y EL ANCIANO VENERACION//.

Comente: _____
_____
_____
_____

Frase: _____
_____
_____
_____

——◆◆——❀——◆◆——

67-//NO BASTA QUERER A LOS DEMAS, HACE FALTA COMPRENDERLOS Y ACEPTARLOS//.

Comente: _____

_____

_____

_____

Frase: _____

_____

_____

_____

68-//TIENE MAS AMIGOS EL QUE ESCUCHA A LOS DEMAS, QUE AQUEL QUE VA POR EL MUNDO REPARTIENDO DADIVAS//.

Comente: _____

_____

_____

_____

Frase: _____

_____

_____

_____

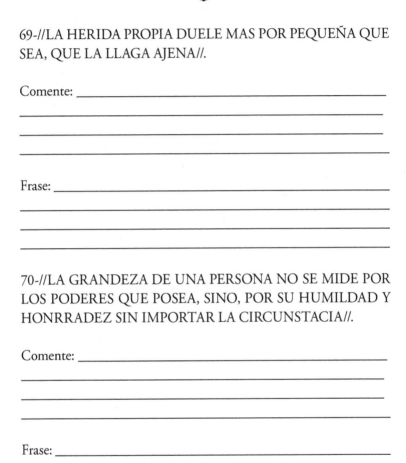

69-//LA HERIDA PROPIA DUELE MAS POR PEQUEÑA QUE SEA, QUE LA LLAGA AJENA//.

Comente: _____

_____

_____

_____

Frase: _____

_____

_____

_____

70-//LA GRANDEZA DE UNA PERSONA NO SE MIDE POR LOS PODERES QUE POSEA, SINO, POR SU HUMILDAD Y HONRRADEZ SIN IMPORTAR LA CIRCUNSTACIA//.

Comente: _____

_____

_____

_____

Frase: _____

_____

_____

_____

71-//TRATAS AL PROJIMO CON RESPETO, POSIBLEMENTE UN DIA LO NECESITARA//.

Comente: _____
_____
_____
_____

Frase: _____
_____
_____
_____

72-//QUE TU SILENCIO SEA TESTIGO DEL BIEN QUE HAS HECHO AUNQUE EL MUNDO NUNCA LO RECONOZCA//.

Comente: _____
_____
_____
_____

Frase: _____
_____
_____
_____

73-//NO EXISTE DESIERTO MAS ARIDO QUE EL CORAZON DE AQUEL QUE NO CONOCE EL AMOR//.

Comente: _____
_____
_____
_____

Frase: _____
_____
_____
_____

74-//EL MIEDO ES UN ABISMO INTERIOR, FRUTO DE INMENSAS INSEGURIDADES//.

Comente: _____
_____
_____
_____

Frase: _____
_____
_____
_____

75-//EL PESIMISTA NUNCA PUEDE HACER NADA SOLO, ACOMPAÑADO TAMPOCO//.

Comente: _____
_____
_____
_____

Frase: _____
_____
_____
_____

76-//QUIEN MALDICE A LOS DEMAS SE MALDICE ASI MISMO Y POR TANTO A SU CREADOR//.

Comente: _____
_____
_____
_____

Frase: _____
_____
_____
_____

77-//POR MUCHA AGUA QUE BEBAS JAMAS SACIARAS MI SED//.

Comente: _____

_____

_____

_____

Frase: _____

_____

_____

_____

78-//SI LA VIDA EXISTE DESPUES DE LA MUERTE NO TENGO PORQUE TEMER PORQUE SEGUIRE VIVIENDO. SI NO EXISTE, TAMPOCO HE DE TEMER PORQUE YA HE VIVIDO//.

Comente: _____

_____

_____

_____

Frase: _____

_____

_____

_____

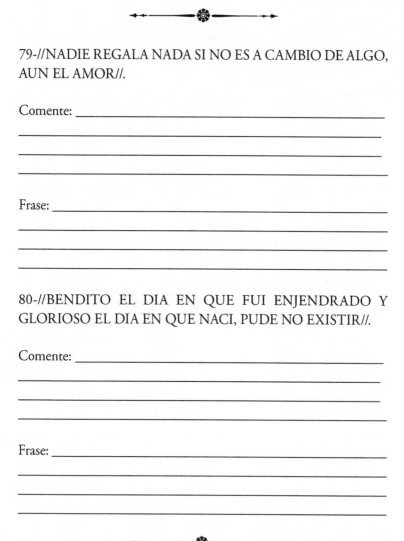

79-//NADIE REGALA NADA SI NO ES A CAMBIO DE ALGO, AUN EL AMOR//.

Comente: _____

_____

_____

_____

Frase: _____

_____

_____

_____

80-//BENDITO EL DIA EN QUE FUI ENJENDRADO Y GLORIOSO EL DIA EN QUE NACI, PUDE NO EXISTIR//.

Comente: _____

_____

_____

_____

Frase: _____

_____

_____

_____

81-//UNA PERSONA DECIDIDA POR PEQUEÑA QUE PAREZCA, PUEDE MAS QUE UN EJERSITO//.

Comente: _____
_____
_____
_____

Frase: _____
_____
_____
_____

82-//NADA ES MAS IMPORTANTE QUE TU, HAS QUE LOS DEMAS TAMBIEN LO SEAN//.

Comente: _____
_____
_____
_____

Frase: _____
_____
_____
_____

83-//JAMAS SE SABRA CUAN GRANDE O PEQUEÑO FUISTE, SINO HASTA DESPUES DE LA MUERTE//.

Comente: _____
_____
_____
_____

Frase: _____
_____
_____
_____

84-//LA MUERTE NO ES UN FRACASO, SINO, UN INSTANTE DE TRANSITO//.

Comente: _____
_____
_____
_____

Frase: _____
_____
_____
_____

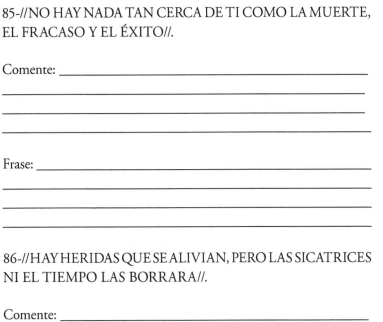

85-//NO HAY NADA TAN CERCA DE TI COMO LA MUERTE, EL FRACASO Y EL ÉXITO//.

Comente: _____
_____
_____
_____

Frase: _____
_____
_____
_____

86-//HAY HERIDAS QUE SE ALIVIAN, PERO LAS SICATRICES NI EL TIEMPO LAS BORRARA//.

Comente: _____
_____
_____
_____

Frase: _____
_____
_____
_____

87-//HAY QUE APRENDER A VIVIR AUNQUE SE ESTE MURIENDO//.

Comente: _____
_____
_____
_____

Frase: _____
_____
_____
_____

88-//LO PROHIBIDO ES MANJAR PARA LOS AVENTUREROS AUNQUE LE LLEVE A LA ETERNA CONDENA//.

Comente: _____
_____
_____
_____

Frase: _____
_____
_____
_____

89-//EL AVARO NUNCA SACIA SU SED AUNQUE NAVEGUE EN MARES DE FORTUNAS//.

Comente: _____

_____

_____

_____

Frase: _____

_____

_____

_____

90-//CADA QUIEN CREA SU PROPIO MUNDO Y EN EL RECREA SUS ILUCIONES//.

Comente: _____

_____

_____

_____

Frase: _____

_____

_____

_____

91-//LA PERFECCION CONSISTE, EN QUE TODAS TUS ACCIONES ESTEN ORIENTADAS CORRECTAMENTE//.

Comente: _____
_____
_____
_____

Frase: _____
_____
_____
_____

92-//SI SUPIERAS CUANTO TE FALTA POR VIVIR PERDERIAS HASTA LA ESPERANZA//.

Comente: _____
_____
_____
_____

Frase: _____
_____
_____
_____

93-//GRACIAS AUN POR LO POCO QUE POSEO, MILLONES NO TIENEN NADA//.

Comente: _____
_____
_____
_____

Frase: _____
_____
_____
_____

94-//MI MAYOR TEMOR ES, NO SABER CUAN GRANDES O PEQUEÑOS SON TUS TEMORES//.

Comente: _____
_____
_____
_____

Frase: _____
_____
_____
_____

95-//UNA GOTA DE VINO DESBORDA LA COPA, UNA PALABRA DE DESPRECIO REBOSA EL ALMA//.

Comente: _____

_____

_____

_____

Frase: _____

_____

_____

_____

96-//CULTIVAS EL CONOCIMIENTO Y TU VUELO NO TENDRA FRONTERAS//.

Comente: _____

_____

_____

_____

Frase: _____

_____

_____

_____

97-//TODA SOCIEDAD NECESITA: JUEGO, POLITICA Y RELIGION; EL JUEGO DISTRAE EL ESPIRITU, LA POLITICA LO ELEVA Y LA RELIGION LO TRASCIENDE//.

Comente: _____

_____

_____

_____

Frase: _____

_____

_____

_____

98-//NUNCA HABRA MAYOR CONDENA QUE LA AUTOCULPABILIDAD//.

Comente: _____

_____

_____

_____

Frase: _____

_____

_____

_____

99-//LA PERSEVERANCIA ES EL SENDERO DEL ÉXITO. LA DESESPERACION, EL CAMINO DEL FRACASO//.

Comente: _____

_____

_____

_____

Frase: _____

_____

_____

_____

100-//SI ENCIENDES EL FUEGO PODRIAS ARDER ENTRE SUS LLAMAS//

Comente: _____

_____

_____

_____

Frase: _____

_____

_____

_____

101-//NADA HAY MAS IMPORTANTE PARA UN NIÑO QUE AQUELLO QUE EN EL MOMENTO DESEA//.

Comente: _____

_____

_____

_____

Frase: _____

_____

_____

_____

102-//LA INOCENCIA DE UN NIÑO NOS HABLA SIEMPRE DE LA GRANDEZA DEL CREADOR//.

Comente: _____

_____

_____

_____

Frase: _____

_____

_____

_____

103-//CUAN FELICES FUESEN LOS DEMAS SI SE SINTIESEN COMPRENDIDOS//.

Comente: _____

_____

_____

_____

Frase: _____

_____

_____

_____

104-//SI TE IMPACIENTAS POR LO MUCHO QUE NO TIENES, PODRIAS PERDER HASTA LO POCO QUE HAS LOGRADO//.

Comente: _____

_____

_____

_____

Frase: _____

_____

_____

_____

105-//EL CAOS CONVIENE EN OCACIONES, PUES DE EL EMANAN INNUMERABLES SOLUCIONES//.

Comente: _____

_____

_____

_____

Frase: _____

_____

_____

_____

106-//LA AVARICIA ES UNA HUMILLACION PARA AQUELLOS QUE NO TIENEN NADA//.

Comente: _____

_____

_____

_____

Frase: _____

_____

_____

_____

107-//LA NATURALEZA SE CREA Y SE RECREA, ELLA ES AUTOSUFICIENTE E INFINITA COMO SU CREADOR //.

Comente: _____

_____

_____

_____

Frase: _____

_____

_____

_____

108-//CUANDO LLEGA A TI LA PAREJA ADECUADA, LA PROSPERIDAD RESPLANDECE Y LAS ADVERSIDADES SE HACEN LIGERAS//.

Comente: _____

_____

_____

_____

Frase: _____

_____

_____

_____

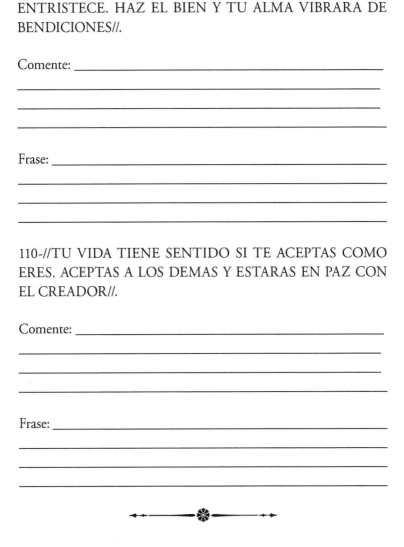

109-//CUANDO HACES EL MAL EL MUNDO SE ENTRISTECE. HAZ EL BIEN Y TU ALMA VIBRARA DE BENDICIONES//.

Comente: _____

_____

_____

_____

Frase: _____

_____

_____

_____

110-//TU VIDA TIENE SENTIDO SI TE ACEPTAS COMO ERES. ACEPTAS A LOS DEMAS Y ESTARAS EN PAZ CON EL CREADOR//.

Comente: _____

_____

_____

_____

Frase: _____

_____

_____

_____

111-//DE NADA SIRVE UNA FLOR EN MANO DE QUIEN NO CONOCE DE TERNURA, BELLEZA Y FRAGANCIA//.

Comente: _____

_____

_____

_____

Frase: _____

_____

_____

_____

112-//RESPETO AL ENEMIGO LEAL, TEMO AL AMIGO CIRCUNSTANCIAL//.

Comente: _____

_____

_____

_____

Frase: _____

_____

_____

_____

113-//EL PODER, LA RIQUEZA Y LA FAMA ENDURECEN
EL CORAZON DEL ARROGANTE, POR EL CONTRARIO,
SENSIBILIZAN EL ALMA DEL HUMILDE//

Comente: _____

_____

_____

_____

Frase: _____

_____

_____

_____

114-//LA COMPASION NO ES SIGNO DE DEBILIDAD, ES LA
MAS ALTA EXPRESION DE SOLIDARIDAD//.

Comente: _____

_____

_____

_____

Frase: _____

_____

_____

_____

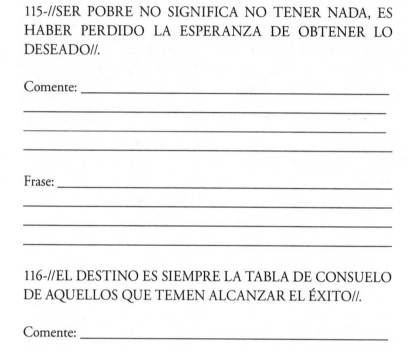

115-//SER POBRE NO SIGNIFICA NO TENER NADA, ES HABER PERDIDO LA ESPERANZA DE OBTENER LO DESEADO//.

Comente: _____
_____
_____
_____

Frase: _____
_____
_____
_____

116-//EL DESTINO ES SIEMPRE LA TABLA DE CONSUELO DE AQUELLOS QUE TEMEN ALCANZAR EL ÉXITO//.

Comente: _____
_____
_____
_____

Frase: _____
_____
_____
_____

117-//SOLO LAS PERSONAS SENSATAS TIENEN DOMINIO
DE SUS EMOCIONES//.

Comente: _____
_____
_____
_____

Frase: _____
_____
_____
_____

118-//LA VENGANZA HIERE TANTO AL QUE LA INFIERE
COMO AL INFERIDO//.

Comente: _____
_____
_____
_____

Frase: _____
_____
_____
_____

119-//APRENDES CUANTO SEA NECESARIO, PERO NO HAGAS TODO CUANTO HACE TU MAESTRO//.

Comente: _____
_____
_____
_____

Frase: _____
_____
_____
_____

120-//SOMOS TAN SEMEJANTES QUE DEFINITIVAMENTE SOMOS DIFERENTES//.

Comente: _____
_____
_____
_____

Frase: _____
_____
_____
_____

121-//SI EN EL CIELO HUBO CONTRADICION, EN LA TIERRA NADA ME PARECERA EXTRAÑO//.

Comente: _____

_____

_____

_____

Frase: _____

_____

_____

_____

122-//NUNCA SUBESTIME A UNA MUJER POR DEBIL QUE PAREZCA, CUANDO ELLA SE DECIDE TIENE MAS PODER QUE DIEZ CABALLOS DE FUERZA//.

Comente: _____

_____

_____

_____

Frase: _____

_____

_____

_____

123-//CASI TODOS NOS LLEVAMOS A LA TUMBA ALGUN GRAN SECRETO POR INDISCRETOS QUE SEAMOS//.

Comente: _____

_____

_____

_____

Frase: _____

_____

_____

_____

124-//CUAN ARMONIOSO FUESE EL MUNDO SI NO EXISTIERA TANTA MENTIRA, HIPOCRICIA Y PESIMISMO//.

Comente: _____

_____

_____

_____

Frase: _____

_____

_____

_____

125-//LA NATURALEZA ES EL MAYOR BIEN, SIN ELLA LA VIDA SERIA IMPOSIBLE//.

Comente: _____

_____

_____

_____

Frase: _____

_____

_____

_____

126-//LOS BUENOS RECUERDOS SON SALUDABLES AL ALMA, MAS LAS ESPERANZAS FORTALECEN EL ESPIRITU//.

Comente: _____

_____

_____

_____

Frase: _____

_____

_____

_____

127-//EL MIEDO A LA POBREZA Y LA AMBICION DE RIQUEZA CORROMPE EL ALMA DEL MAS HONESTO//.

Comente: _____
_____
_____
_____

Frase: _____
_____
_____
_____

128-//LOS LIDERES NO SE DEBEN ASI MISMO, SINO A LA SOCIEDAD, E INCLUSO, A SUS PROPIOS ENEMIGOS//.

Comente: _____
_____
_____
_____

Frase: _____
_____
_____
_____

129-//RESULTA FACIL INCURRIR EN ERRORES, PERO MUY DIFICIL PEDIR DISCULPAS//.

Comente: _____
_____
_____
_____

Frase: _____
_____
_____
_____

130-//LA NOCHE NO ES TAN OSCURA COMO LA PERSIVO, ES SIEMPRE EL PRELUDIO DE UN NUEVO DIA//.

Comente: _____
_____
_____
_____

Frase: _____
_____
_____
_____

131-//LA ANGUSTIA, NO ES MAS QUE LA FRONTERA ENTRE LA VIDA Y LA MUERTE//.

Comente: _____

_____

_____

_____

Frase: _____

_____

_____

_____

132-//LA LEY DEBERA SER SIEMPRE EL ESCUDO Y GUIA DE LA RAZON, NO EL INSTRUMENTO QUE SOYUGUE AL PUEBLO//.

Comente: _____

_____

_____

_____

Frase: _____

_____

_____

_____

133-//ES DEBER MORAL RECONOCER EL MERITO DE LOS DEMAS SIN IMPORTAR EL RECONOCIMIENTO DEL MERITO NUESTRO//.

Comente: _____

_____

_____

_____

Frase: _____

_____

_____

_____

134-//NO EXISTE OTRA FORMA DE PERPECTUAR LA ESPECIE QUE NO SEA A TRVES DE LA PROCREACION//.

Comente: _____

_____

_____

_____

Frase: _____

_____

_____

_____

135-//NO EXISTE MAYOR CARGO, QUE EL CARGO DE CONCIENCIA//.

Comente: _____
_____
_____
_____

Frase: _____
_____
_____
_____

136-//MUCHAS VECES HACE FALTA MORIR PARA QUE TUS IDEAS FLORESCAN//.

Comente: _____
_____
_____
_____

Frase: _____
_____
_____
_____

137-//LA TRISTEZA ES CIRCUNSTANCIAL, LA ANGUSTIA ES NOCIVA PARA EL ALMA//.

Comente: _____
_____
_____
_____

Frase: _____
_____
_____
_____

138-//GANAR LA COMPETENCIA TE ACOMULA MERITOS. ACTUAR CON JUSTICIA TE COLMA DE HONORES//.

Comente: _____
_____
_____
_____

Frase: _____
_____
_____
_____

139-// NADA TAN CRUEL COMO EL DESTINO, NI TAN DOCIL COMO LA SUERTE, SI ES QUE EXISTEN//.

Comente: _____
_____
_____
_____

Frase: _____
_____
_____
_____

140-//QUIEN ATENTA CONTRA EL HOGAR, ANTENTA CONTRA LA PAZ SOCIAL//.

Comente: _____
_____
_____
_____

Frase: _____
_____
_____
_____

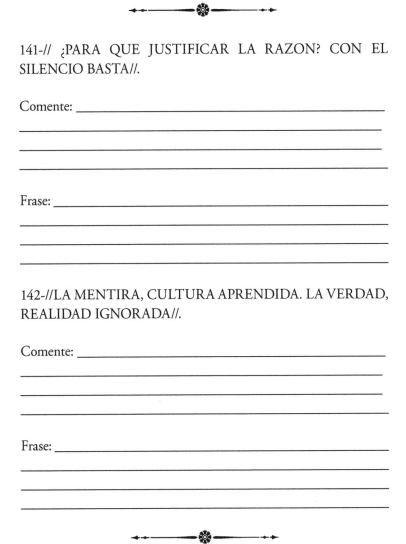

141-// ¿PARA QUE JUSTIFICAR LA RAZON? CON EL SILENCIO BASTA//.

Comente: _____
_____
_____
_____

Frase: _____
_____
_____
_____

142-//LA MENTIRA, CULTURA APRENDIDA. LA VERDAD, REALIDAD IGNORADA//.

Comente: _____
_____
_____
_____

Frase: _____
_____
_____
_____

143-//CUANDO DUDO O NIEGO LA EXISTENCIA DE OTRAS CIVILIZACIONES, DE HECHO NIEGO LA GRANDEZA DEL CREADOR//.

Comente: _____
_____
_____
_____

Frase: _____
_____
_____
_____

144-//NINGUN HOMBRE POR PODER, FORTUNA Y FAMA QUE POSEA ES CAPAZ DE CONQUISTAR LA MUJER QUE QUIERA, SINO, QUE ES LA MUJER QUIEN ELIGE AL HOMBRE QUE LA HA DE CONQUISTAR SIN IMPORTAR EL HOMBRE QUE SEA//.

Comente: _____
_____
_____
_____

Frase: _____
_____
_____
_____

145-//PARA CONTEMPLAR LA PLENITUD DEL VALLE HAY QUE ESCALAR HASTA LO MAS ALTO DE LA MONTAÑA//.

Comente: _____
_____
_____
_____

Frase: _____
_____
_____
_____

146-//PREFIERO MORIR CON HONOR ANTE QUE CLAUDICAR. ¡QUE MAS DA, UN DIA MENOS O UN DIA MAS!//.

Comente: _____
_____
_____
_____

Frase: _____
_____
_____
_____

147-//SOMOS EL EXPERIMENTO MAS EXTRAORDINARIO DE CONVIVIENCIA INTERHUMANA, PROCEDENTE DE DIVERSOS PLANETAS DEL UNIVERSO CERCANO EN TIEMPO DESCONOCIDO//.

Comente: _____

_____

_____

_____

Frase: _____

_____

_____

_____

148-//SE DESCIFRARA EL PASADO, SE DEFINIRA EL PRESENTE, SE DISCERNIRA EL FUTURO Y REPLANDECERA LA VERDAD EN TODAS LAS NACIONES//.

Comente: _____

_____

_____

_____

Frase: _____

_____

_____

_____

149-//MIENTRAS MAS CERCA ESTES DEL OBJETIVO, MAYORES HAN DE SER TUS ESFUERZOS//.

Comente: _____

_____

_____

_____

Frase: _____

_____

_____

_____

150-//EL MUNDO ESTA LLENO DE COSAS GRANDES, GRACIAS A IDEAS QUE PARECIAN PEQUEÑAS//.

Comente: _____

_____

_____

_____

Frase: _____

_____

_____

_____

CONCLUSION

El porqué del título de "IDEAS CUMBRES." Siempre he creído que es de justa justicia el que se reconozcan los grandes aportes que varios personajes de la historia han brindado al desarrollo de la humanidad con sus ideas y que por razones desconocidas han quedo sepultados en el anonimato. Es probable que algunos sectores de la sociedad no le interesa que el mundo conozca las obras de determinados personajes ya que esto podría poner en duda la veracidad de ciertas doctrinas. Se ha disfamado hasta la saciedad de algunos de ellos con el objetivo de que nunca sean reconocidos por la historia como precursores y pioneros del conocimiento y el desarrollo alcanzado por la humanidad. Esto tiene un nombre: persecución del conocimiento.

El desarrollo del mundo no hubiese sido posible si no hubiesen existido tales personajes del pasado que con sus innovadoras ideas contribuyeron a la transformación de la humanidad de generación en generación. Ideas que vinieron a darle forma a la sociedad elevando de manera increíble el estado de vida del ser humano en todos los niveles.

Desde hace milenios se ha impuesto la conducta del oportunismo estableciéndose como cultura para así ignorar, suprimir y denigrar a personajes, conocimiento e ideas que han contribuido a enaltecer al género humano en todas sus dimensiones. A través de dicha conducta se ha logrado establecer el imperio de la ignorancia colectiva.

A lo largo del tiempo y sin que el mundo se dé cuenta, se ha distorsionado la historia, se ha ocultado el tiempo y se ha manipulado el conocimiento con el fin de borrar la memoria universal para de ese modo poder establecer patrones adecuados a determinados intereses.

"IDEAS CUMBRES" es un libro que pretende motivar el desarrollo, tanto individual como colectivo sirviendo de guía motivacional en la búsqueda del conocimiento y de la verdad.

FUENTES DE REFERENCIA

- Wikipedia, la enciclopedia libre.

- Biblia de Jerusalén. Declee de Brouwer, Bilbao; Edición Española 1976.

- LA SENTENCIA PROCLAMA, Juan de Dios Cabral, Editorial Palibrio 2018.

- NI CREACION NI EVOLUCION, Juan de Dios Cabral. Editorial Palibrio 2013.

AUTOBIOGRAFIA

- LICENCIADO EN FILOSOFIA, Pontificia Universidad Madre y Maestra, 1988, Santo Domingo Rep. Dominicana.

- LICENCIADO EN CIENCIAS RELIGIOSAS (Teología) 1990. Seminario Pontificio Santo Tomás de Aquino, Santo Domingo Rep. Dominicana.

- SACERDOTE CATOLICO Y DIRECTOR DIOCESANO DE PASTORAL JUVENIL, 1990-1993 Diócesis de La Vega Rep. Dominicana.

- PROFESOR DE DERECHO CANONICO, 1992-1993 Pontificia Universidad Tecnológica del Cibao, La Vega Rep. Dominicana.

- DIRECTOR GENERAL DE YMCA de Rep. Dominicana 1994-1996.

- ASESOR Y COORDINADOR DE MONOGAFICOS, ORIENTADOR ACADEMICO Y MAESTRO DE FILOSOFIA Y PSICOLOGIA, 1995-1999, Escuela Técnica de Administración Municipal, Sto. Dgo. Rep. Dominicana.

- COORDINADOR DE PROGRAMAS, 1995-1999 Ayuntamiento del Distrito Nacional, Sto. Dgo. Rep. Dom.

- DIRECTOR ACADEMICO, 1999-2001 Colegio San Elías Profeta, Santo Domingo Rep. Dominicana.

- COORDINADOR ENLACE ENTRE EL GOBIERNO Y LAS IGLESIAS 2001-2004 Rep. Dominicana.

- TAXISTA, 2006-2015 New York, Estados Unidos, USA.

- Autor de las obras; NI CREACION NI EVOLUCION, 2013, Y LA SENTENCIA PROCLAMA, 2018. New York, USA.

- REPARTIDOR DOMICILIARIO DE COMPRAS, 2015- -New York. USA.